オルネフラワー協会 編

Orne Collection

オルネコレクション

Contents
目次

はじめに
3

Chapter 1
4

Chapter 2
14

Chapter 3
32

Chapter 4
86

Chapter 5
98

作品掲載者・ページ一覧
126

スクールガイド・撮影協力・後援
127

オルネフラワー協会について
131

はじめに

　金属の装飾品「オーナメントメタリック®」、通称ORNE(オルネ)。

　25年前、ドイツ花留学中資材屋さんで出合ったコイル状のワイヤー(Bouillonブイロン)。その構造に興味を持ち、純金の輝きに魅了されました。10年前に金属装飾を学ぶ団体「オルネフラワー協会」を設立し、オーストリア・ウィーン在中のアンドレア・マーシャル先生・ヴァルトラウド・マーシャル先生に、伝統工芸"クロスターアルバイテン※"を学びました。マーシャル両先生の物づくりに対する真剣な姿勢に感銘を受けました。

　オルネはさまざまな材質・太さのコイル状のワイヤーで作られるモチーフです。パーツとしてアレンジに、アクセサリーに、額装としてその装飾を完成させることもできます。

　本書では初めての方にも作っていただきたく、資材・基本テクニックとその技法を使った作品例をご紹介しています。Chapter 2から始まる100を超えるバラエティに富んだオルネ作家の作品もお楽しみください。

　フラワーアーティスト、クラフト作家、アクセサリー作家、そして、手作り大好きな方々の新しい発見になれば嬉しい限りです。

　書籍出版にあたり、出版社の皆様、カメラマンの山本様、制作スタッフの皆様、撮影協力くださいました皆様、その他たくさんの方々に感謝の気持ちを込め、御礼申し上げます。

オルネフラワー協会　鴨田 由利子

※クロスターアルバイテン(Klosterarbeiten)
「修道院での手仕事」は、16世紀、オーストリア・南ドイツ・スイス地方に始まり、神への信仰心や聖人崇拝、宗教的な献身を意味しました。18世紀バロック時代になると、聖人への崇拝だけにとどまらず、芸術的かつ大衆的になり、クロスターアルバイテンのテクニックを施された民族衣装・花嫁の冠やブーケ・クリスマスデコレーションなど多種多様に発展しました。

参考資料：Rasp

Chapter 1
Basics

ワイヤーの種類について

オルネ制作に使用されるコイル状ワイヤーの大部分は、
銅やニッケルなど合金を芯に銀・金がコーティングされています。
安価で良質な光沢を持つ鉛と亜鉛で作られるワイヤーもあります。

Bouillondraht（ブイロンドラード）

渦巻き型金属ワイヤー。形状・強度は多岐にわたります。太さのあるブイロンは空洞にワイヤーを通してアウトラインやハルオルネに、細いワイヤーは巻きつけて面を形成します。

Perldraht（パールドラード）

パールが繋がったような形状のワイヤー。空洞にワイヤーを通し、アウトラインやハルオルネにブイロンやパールを囲んで使用します。

Lahndraht（ラーンドラード）

平らな形状のワイヤーで、編み込みにしたり、型押しで波型を作り、ドラードのような使い方もできます。

Cordnettdraht（コルドネットドラード）

2本または、それ以上の数のワイヤーをねじり合わせて作ります。適度な張りで、綺麗な曲線を作る場合に適しています。

Prombendraht（ブロンベンドラード）

中心に強度の高いワイヤーを芯として、周りに細いワイヤーが巻きつけられたワイヤーです。アウトラインやハルオルネに使用します。

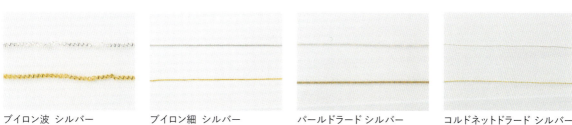

ブイロン波　シルバー　　ブイロン細　シルバー　　パールドラード　シルバー　　コルドネットドラード　シルバー
　　　　　　ゴールド　　　　　　　　ゴールド　　　　　　　　　ゴールド　　　　　　　　　　　ゴールド

基本の10テクニック

オルネで使用されるテクニックの中で使われることの多い10のテクニックをセレクト。
他にもまだまだありますが、まずは基本をしっかり覚えましょう。

★ アウトライン

材料：パールドラード／#28巻きワイヤー

1

パールドラードをのばす。

2

必要な長さにのばしたパールドラードに、#28巻きワイヤーを通す。

3

アウトラインを形成し、根元をねじる。

★ ハルオルネ 〜布〜

材料：パールドラード／#28巻きワイヤー／布／接着剤

1

布をできあがりよりひとまわり大きくカットする。

2

パールドラードに#28巻きワイヤーを通し、形を形成して布に貼る。

3

接着剤が乾いたら、アウトラインに沿ってカットする。

★ プリオルネ 〜プリザーブドフラワー〜

材料：パールドラード／プリザーブドフラワー／#28巻きワイヤー／接着剤

1

プリザーブドフラワーの花びらを1枚根元からはずす。

2

パールドラードに#28巻きワイヤーを通し、形を形成して花びらに貼る。

3

接着剤が乾いたら、アウトラインに沿ってカットする。

★ ローリングA ～ブロンベンドラードで作った形の空間を巻く～

材料：ブロンベンドラード／ブイロン細

1

ブロンベンドラードをリーフ型にねじって、形を形成する。

2

ブイロン細をねじった根元に数回巻きつけてから、ランダムに巻き上げる。

3

面になるように巻き上げてから、巻き下ろし、根元に数回巻きつける。

★ ローリングB ～真鍮版（工作用紙）を使った平面を巻く～

材料：真鍮版（工作用紙）／パールドラード／ブイロン細／＃28巻きワイヤー／両面テープ

1

真鍮版を形にカットする。

2

カットした真鍮版の裏面に両面テープを貼り、それをはがしながらブイロン細を貼り巻きつける。

3

パールドラードに＃28巻きワイヤーを通し、アウトラインに沿ってブイロン細で巻きつける。

★ ローリングC ～細めのブイロンにワイヤーを通して細めの棒に巻く～

材料：ブイロン細／＃28巻きワイヤー／＃16～18程度の裸ワイヤー

1

ブイロン細を必要な長さにカットする。

2

ブイロン細に＃28巻きワイヤーを通す。

3

＃16～18程度の裸ワイヤーにコイルを作るように巻きつける。

★ ツウィスティング

材料：ブイロン細／＃28巻きワイヤー

1

ブイロン細を＃28巻きワイヤーに通す。

2

1を半分に折る。

3

必要な長さまで撚る。

ニッティングA

材料：ブイヨン細／#28巻きワイヤー

1

#28巻きワイヤーをブイヨン細に通したものを3本作る。

2

1の端をまとめる。

3

2を必要な長さだけ三つ編みにする。

ニッティングB

材料：ラーンドラード／マスキングテープ

1

ラーンドラードを3本カットする。

2

1の端をまとめて、マスキングテープでとめる。

3

2を三つ編みにする。

パンチング

材料：ブイヨン筒型1.5cm／#28巻きワイヤー

1

直径2mmの筒型ブイヨンを1.5cmにカットする。

2

1に#28巻きワイヤーを通す。ドーナツ状にして根元をねじりとめる。

3

ハンマーでつぶす。

基本作品

習得した基本技術を組み合わせれば、さまざまなものが制作できるようになります。
基本となる13作品の中から、ここでは8点紹介します。

リース
wreath

ボックスアレンジ
box arrange

カフスブーケ
cuffs bouquet

ボールブーケ
ball bouquet

オーバルブーケ
oval bouquet

フォトフレーム
photo frame

ウエルカムボード
welcome board

キャンドルアレンジ
candle arrange

Chapter 2
Wedding

人生最良の日を美しく引き立ててくれるシャワーブーケは「これからの人生に幸せが沢山降り注ぎますように」という願いを込めて。1本のワイヤーから作り上げるオルネフラワーの輝きは数を増すほど愛らしく、しなやかなラインも印象的です。

アクア＝水をテーマにしたブーケ。澄んだ水＝純粋、生命を生み出す水＝強さ、生命を維持する水＝慈しみ、どんな形にも変容して流れる水＝寛容さ。花嫁が心身共に清らかに美しく生きていくことを祈って。涼やかな配色がドレスに映えます。

5種類のオルネフラワーと2種類のリボンを使い、可憐なオーバル型のブーケに仕上げています。サイズ違いのバラ、なつめパールやクロスターアルバイテンの技法を用いた花なども加えて、華やかさと気品をプラス。花のサイズと形状のバランスがポイントです。

新郎新婦の両サイドには美と純潔の象徴であるユリをメインに、重ね花・リーフ・アジサイ・羽根を添えてパールで華やかさを演出。花びらを幾重にも重ねた花飾りやオルネアルバイテンの技法で制作したリボンなど、そこここに技が光ります。

リーフ・蔓・実をメインに、スワロフスキージュエリーを贅沢に使用。花はあえておさえて、ナチュラルな雰囲気に。1つ1つのモチーフはオルネ技法など、さまざまなテクニックを駆使しています。ネックレス・バングル・ブーケの一体感を楽しんで。

純白のウェディングドレスに合わせ、シルバー系のカラーでまとめて。オルネ・クロスターアルバイテンの技法で丁寧に作られた蘭や小花の輝きは見事です。花嫁の幸せが末永くつながっていくよう、形に願いを込めてキャスケードに仕上げています。

チュール生地にたっぷりとオルネをあしらったカフスが目を惹きます。ピュアホワイトのプリザーブドフラワーとオルネの輝きが相俟って、大人可愛く清楚な印象のブーケになりました。ホワイトだけでなく、カラードレスにも似合いそう。

人生で1番のイベントだった結婚式。「もし娘がいたら……」と考えて、リボンで純白のドレスとフューシャピンクのドレスを作成。中心のパールの輝きが美しいゴールドのオルネフラワーをバランスよく配して、愛らしい花嫁の完成です。

嫁ぐ娘のために制作したウェルカムボード。周囲の皆様への感謝の気持ちと2人が幸せになりますようにとの願いを込めています。昔から「夫婦円満の力が宿る」といういわれがある鏡に飾られたオルネは、より一層の輝きに満ちています。

恵まれた幸せな花嫁になれるよう願いを込めたシルバーパールが揺れる繊細なフォルムのブーケ。スズランの花弁、ミスカンサスなどのリーフ、2種類のリボンはオルネの技法で構成しています。やさしい輝きが花嫁の門出を満たしてくれることでしょう。

オルネフラワーの基本となる「巻く」工程を中心に制作。小花をたっぷり使い、全体的に丸みをつけることで優しさを表現しました。揺れるパールやキラキラ光るスワロフスキーもポイントです。可愛らしい女性のブライダルアクセサリーに。

ユリの花をメインに、アナベルや一重咲きのヒメユリを
パールやシルバーのオルネで華やかに演出しています。
淡いパステルカラーで全体をふんわりとまとめて、夢の
ウェディングへと導いてくれる、そんな様子を作品で表現
しました。

20歳で嫁ぐ花嫁に贈るキャスケードブーケ。あどけなさが残る彼女にぴったりの淡い色でまとめます。オーガンジーでハルオルネを作り、ダブルの花びらの小花をプリザーブドフラワーの中に。オルネフラワーは微妙な段差をつけて、陰影を演出しました。

金属シートにエンボス加工を施したウェルカムボードにオルネフラワーをあしらったコラボ作品。結婚を控えた子供たちに贈るウェルカムボードは、これまでも、またこれからも見守り支えてくださる方々に感謝が伝わるよう、心をこめて。

森の中の小人たちが作ったウェルカムボード。小さなかわいい小人たちと妖精がプリンセスを出迎える、そんなイメージから生まれました。ユリの質感を出すため、2種類のリボンを組み合わせ、カスミソウとアジサイで可愛らしさを表現しています。

新たな門出にたくさんの花々が寄り添うように、2人で歩む人生がずっと幸せであるよう祈りを込めて。オルネフラワー1輪1輪に、そんな想いを乗せてあしらわれた細やかな技法は流石。オルネの輝きがやさしいブーケの色合いに溶け込んでいます。

ハワイアンリボンレイにオルネフラワーを乗せて、ボリュームたっぷりのショルダーレイに仕上げました。一生に一度、女性が主役になれる日。ショルダーレイに合わせた華やかなリストドレスで、存分にお姫様気分を味わって。

大輪のダリア、優美に流れる胡蝶蘭に蝶が舞う姿がポイント。バラや小花などオルネをふんだんに使用した、贅沢な和モダンブーケです。ゴールドのブイロンワイヤーで作られた繊細なダリアに、慶びの日を彩るに相応しい華やかさを感じます。

プチパールをたっぷりとあしらい、ピュアホワイトをベースに仕上げたラウンドブーケは一生の思い出の品に。ゴールドとシルバーの絶妙なバランスで配された花々が一層幸福感を引き立ててくれるでしょう。式の後は、アレンジにして部屋に飾っても。

八重咲きユリの花びらを1枚1枚ハルオルネで作り、大輪のリリメリアに組み上げたエレガントなブーケ。愛らしい小さなパールで縁取られたユリは、シルバーワイヤーとソフトな色合いのリボンでまとめられ、優雅な雰囲気に仕上がっています。

Chapter 3
Interior

オルネの魅力の1つは小さなパーツを組み合わせることで、さまざまなデザインを生み出せること。ラウンドボックスにパーツの1つ「パールピン」を繋げて制作したリボンでデコレーション。箱の中にもオルネジュエリーをたっぷり詰め込みました。

朝の光を受けて、花のしずくがキラキラと優しく輝き、今日1日そして明日が素敵な日々になるよう願いをこめて。ホワイトとチロリアングリーンにゴールドが煌めくオルネフラワーのアレンジは、その揺れる佇まいで穏やかな空間を与えてくれます。

和やかなオルネの時間を、永遠の命や平和の象徴であるリースで表現した「Lady Noire」。オルネフラワーモチーフ(Lady)の美しさを引き出す最高の黒(Noire)を意味しています。配色は漆黒のフロッキーが魅力的なドイツ製リボンからヒントを得ました。

美しい庭をオルネフラワーに誘われて歩み進めていく、そんなイメージで制作しました。奥行き感を出すために、土台を2段にしたり、丁寧に想いを込めて作業をしています。オルネフラワーを作っている時間の幸福感や充実感を感じてもらえたら。

黄色の菊を中心に、紺色・葡萄色のりんどうや実などのモチーフと和の紐を使ってアレンジ風に組んだインテリアブーケです。ハルオルネで作った花や葉と合わせたリーフはアイアンの花器との一体化を考えて。和をテーマに配色へのこだわりが光ります。

ブイロンほかワイヤー、レースのリボンで花びらや葉を、パールビーズやスワロフスキーを花芯にして多彩な花をオルネの技法を用いて制作しました。お気に入りの空間に飾りたい、シンプルで華やかな印象のスクエアリースです。

左ページの作品と共に上品なパールホワイトで統一したラウンドアレンジは、よく見ると1輪1輪細やかなデザインが施されています。さまざまな異素材を組み合わせた花のアレンジは、オルネの輝きで空間を一層明るくしてくれるでしょう。

テーマは成人式を迎えられた若い人々へのエール。
ジュエリーリーフのアーチ、バラのジュエリーペタル……
オルネの初級から上級までの手法を盛り込んでいます。
人生の海へ良き船出ができるよう願いを込めて、船のイメージから全体をブルーでまとめました。

シルバーの布で作ったポインセチアをメインにしたクリスマスリース。まわりに散りばめられたゴールドのオルネが煌めき、光を表現したチェーンオルネが華やかさを添えています。小花やリーフがそれぞれに愛らしい表情を見せてくれる作品です。

ワイヤーワークにジェルを加えて華やかに仕上げたオルネフラワーと紫陽花が一体となって、ちょっとした風に揺れるその姿はお互いに輝きを分け合うかのよう。デザインは花のいろいろな表情を活かすことを考えながら構築しています。

アトランティコブルーに色づけされたリーフで作られた花がひときわ目を惹くアレンジは、鏡をベースに敷くことで周囲の光を集め、花姿も映し出します。ジュエルオルネの輝きと美しさが引き立ち、花どうしが饗宴しているさまを形にしました。

クリスマスローズのオルネフラワーが軽やかに揺れて踊るさまをイメージしました。足元に三又の枝を組んでナチュラル感をプラス。枝の重厚感とオルネフラワーの繊細さの対比がデザインを引き立てています。華麗な花のワルツが聴こえてきそうです。

灯りがともるとホッとひと息。そんな寛ぎ空間に置きたいランプには、シックな色を基調としたオルネフラワーがあしらわれています。シェードにはブロンズカッパーのブイロンの花、アイアンスタンドにはハルオルネとブイロンのバラが配されています。

リース外周のルスカスガーデンでいきいきとした葉を、チェーンオルネで花・茎・枝を作成。そこに光る朝露を表現しました。この作品を通じて、数多くの花と出合い、いつも身近に花があったことを思い出して欲しい。そんな特別な人へのメッセージです。

春の煌めく太陽と咲き乱れる花々。バラの香りに包まれて、ハープの音色と共にお茶を楽しむ至福の時間。そんなひとときをバラの花束で表現。オルネフラワーに加え、クレイ＋オルネの花やアメリカンフラワーなど、素材を楽しめる作品にしました。

ソラフラワーのローズリーフを美しい大輪のメリア仕立てに。リーフの合間のスペースに鮮やかなオルネのリーフを入れて制作した創作花「オリエンタルフラワー」です。壁にかけても、テーブルに置いても楽しめるアレンジに仕上げています。

爽やかなブルーを基調にパールやビーズ、リボンをあしらった三段仕立てのケーキ。色彩のトーンを絞ったことで、繊細なオルネの輝きとパールのホワイトが上品な雰囲気を醸し出しています。ウェディングにも、お誕生日のアレンジとしても素敵です。

アンティークの銀モチーフの壁飾りに、オルネフラワー、リボンのハルオルネを組み合わせました。テーマはゴージャス&キュート。幸せの扉を開ける鍵となるよう祈りを込めて、どちらにも愛らしい四つ葉のクローバーをあしらっています。

冬の長いドイツでは、秋に拾い集めた木の実に室内装飾を施し、心豊かに過ごすとか。華やかで繊細なオルネフラワーに木の実やスパイスのブイロンとパール飾りを合わせたリースは1つ1つの木の実と会話するよう、丁寧に作り込みました。森の恵みに感謝。

ポイントはツリーのオーナメントに使った5種類のオルネと天使。「香る作品」にこだわり、どの作品にもスパイスとオルネを使用しています。今回はスターアニス、シナモンに加え、天使のボディにハッカの結晶を加えました。ほのかに香る作品を楽しんで。

ハワイ神話の一説にマカハに恋した雨の女神のカ・アヌエヌエの話があります。その恋をハイビスカス・プルメリア・ピカケ・ロケランなどハワイの花のリースとして表現。オルネフラワーのレイは、女神からマカハへのプレゼントとして創作しています。

ハワイで見たプルメリアの花を再現。花びらの大きさ・型・反りに気を配るほか、中心部を黄色に彩色し、花に大小をつけたり、縁取りのパールのサイズを変えて表情をつけました。太陽の輝きを出すため、シルバーを多めに使用しています。

昔から大好きな鳥。いつかオルネを使って自分の心の中で描く鳥を華やかに表現できたらとずっと思っていました。美しく輝く羽根に夢を乗せて、未来に向け、広くて大きな世界に飛び出していって欲しいという願いを込めて制作しました。

素晴らしい帯に出合い、作品として残したくなりました。柄行きをデザインに活かし、大好きなリボンを使用してハルオルネのバラを作り、オルネのパーツもたっぷり入れて豪華に仕上げました。雅な雰囲気を贅沢に味わえる作品です。

大切なお客様を迎えるときのエントランスやパーティーの受付に飾ることをイメージして制作したリースです。赤・黒・シルバーを使って、グリーンのリースにスパイスをプラス。リーフを大きくやわらかく仕上げて成形自在にし、自然な流れを演出。

たくさんの金・銀のワイヤーやスワロフスキー、ビーズを使い、繊細なオルネフラワーの装飾を制作。カルトナージュで作ったボックスにあしらいました。アーティフィシャルフラワーのブーケには金・銀のブイヨンで作ったモチーフを花芯に。まるでジュエリーのような煌めくブーケができあがりました。皆様の毎日が特別な日のように美しく輝きますように。

好きな色は白とシルバー。この2色に数種のブイロンの輝きが加わり、シンプルな中にオルネフラワーの魅力が詰まったアレンジです。優しい色合いの作品には「みんなが人に優しさを向ける世の中であるように」という願いが込められています。

陽の光が透ける花びらの美しさをオルネフラワーで表現。ブイロン波・ブイロン細のほかにガラスビーズ・淡水パール・スパンコールを加え、八重の花びらがふんわりと咲いた空気感を出せるよう、1枚1枚丁寧に整えました。ろうそくの灯りに映え、心癒されます。

12月の夜。降り積もる雪は1年の喜びも憂いも全てを包み込み、地へと返していきます。その雪の下では、新しい年へ向けて生と希望の芽が萌え出づる時を今か今かと待っているのです。そんな春の息吹を内在する「冬の静寂」をオルネで表現しています。

今まで習得してきたフラワーデザインの技法をオルネフラワーに活かして作ったリース。アジサイのベースに、庭で苗から育てたクリスマスローズのジェルフラワーとゴールドのオルネフラワーをプラス。カラタチの枝で動きを出して、遊び心を演出しました。

結婚30周年を経て、子供も独立し、これから夫婦二人だけの生活。二人は手作りのテーブルフラワーと大好きなクリストフルに囲まれたディナーをいただく。そんなイメージでアレンジされたテーブルセッティングを飾るのは、バラやユリのハルオルネやビーズフラワーなど、美しいパールホワイトの花々。美味しい手料理が運ばれてくることが想像できてしまう素敵な食卓です。

テーマは和紙と習字とリボンの融合。アーティフィシャルフラワーに和紙のオルネを入れて、舞妓のイメージで作られたリースです。つまみ細工やハワイアンリボンレイの技法を応用して使うなど、異素材・技法の斬新なコラボレーションを楽しめます。

彫金のゴールドとオルネフラワーの美しいハーモニーがポイント。娘たちが奏でるヴァイオリンの音色に導かれて、花や蝶たちが華やかに舞い、美しく光り輝くさまを創作。オルネの輝きに呼応して、ヴァイオリンの音色が聴こえてくるかのようです。

ドイツのヴィース教会。平凡な外観から想像のつかない華やかなロココ芸術の内装に感激。その時の写真をオルネ装飾に仕上げることが目標でした。枠の上下にオルネを重ね入れるなど、レッスンした技術を取り入れて丁寧に制作しました。

サファイア婚（45周年）を迎えた両親へのお祝いのテーブルに、オルネフラワーとパールをあしらったナプキンホルダー・カトラリー・キャンドルを。ピンクサファイアで色調を揃え、基本的なパーツを選び、布オルネで素材感を出したことがポイントです。

家族の大好きなクリスマスを素敵に飾りたい、そんな想いを込めて作りました。これまでに修得したテクニックを総動員し、1つ1つの表情を変えています。オルネ装飾がキラキラと輝く5つのオーナメント。クリスマスの楽しみがまた1つ増えました。

2色のハルオルネのポインセチアが印象的なクリスマスにぴったりなアレンジ。シルバーのオルネで作ったポインセチアやマツボックリにあしらったパールに心も踊ります。オルネで作られたゴールドとシルバーのギフトボックスの中身は……内緒！

いくつもの時代を経た我が家の庭。紅やピンクの椿、風に鳴る竹林、鳥が集う南天、色鮮やかな彼岸花は両親を思い出させてくれます。今回その庭とお別れするにあたり、ハルオルネで思い出の花々を表現し、作品にしました。1番苦心したのは花尺のような繊細さの彼岸花。オルネに想いを託した大好きな庭の花々が心の中にいつまでも咲き続けますように。

ワインレッドのソープカービングのバラの花に、クラシカルで高貴な輝きを持つゴールドのオルネの煌めきを合わせて、アンティークの質感とエレガントな雰囲気を演出。彫刻されたバラからそこはかとなく漂う優しい香りに心から癒されることでしょう。

不思議で静かな"青い世界"を表現するため、ハルオルネで現実にはない青いユリと金色の花と葉を鉛筆描きの女性の周りに飾りました。色を多用せず、余白に凹凸をつけたことで、女性の存在する空気感が際立ち、リアルに目の前に迫ってくるかのよう。

大好きなオルネフラワーを2倍楽しんでもらうには……。アレンジをインテリア用のアクリルベースに飾り、1番下に敷いた鏡で映し出す3層のケーキ構造を思いつきました。ゴールド・シルバー・パールのオルネフラワーの持つ輝きを心ゆくまで楽しんで。

日々当たり前のように使っている鏡に感謝の気持ちを込めて。窓ガラスに貼るフィルムを使用したオルネフラワーを作るのは初の試みでした。光が差し込むと透明感が出て、その繊細さが際立ちます。鏡も喜んでくれている、そんなふうに感じるほどです。

東日本大震災を経験し、物事を前向きに考えられず暗い気持ちで過ごす日々の中、出会ったのがオルネフラワーでした。キラキラと美しく輝くオルネフラワーの愛らしさに嬉しさと感動を覚え、私自身の心に生まれた変化を表現したのが今回の作品「希望」です。

触れると溶けてしまう雪の結晶をオルネで木の実の上に咲かせました。木の実で馬蹄型リースの土台を作り、雪の結晶モチーフを大中小の3種類バランスよく散りばめました。オルネとスワロフスキーで冬の張りつめた空気感を表現しています。

春の訪れを待つ人々の心情のような木の芽の緑、ローズ、オレンジ、ベージュのリボンを使って作ったのは、亜麻色の髪の乙女に似合う"花冠のようなリース"。シルバーの四つ葉のクローバーが配されたリースは、オルネだけで作られています。

4色のブイロンで作ったオルネのバラとハルオルネとアメリカンフラワーの技法を合わせたブルースターで"秘密の花園"をイメージして制作。オルネフラワーの美しさを最大限に引き出すのはとても難しいですが、創作過程を楽しむ時でもあります。

思い出の布で作ったハルオルネにブルーのアーティフィシャルフラワーを使い、あふれる想いをアレンジで表現。オルネフラワーとピンクのアーティフィシャルフラワーで作ったウェディングドレスは、将来嫁ぐ孫娘をイメージしました。

好きな服を着て、好きな音楽をかけて、好きな小物に囲まれて過ごす幸せなひととき。日常の中に素敵な花があることで、ほんの少し幸福感が膨らみますように……そんな想いをかごにあふれんばかりのホワイトオルネにモーヴピンクが効いた花で表現しました。

大好きな北海道のカラーとして思い浮かぶのは、雪の白。この色をマイカラーとして、冬の北海道を表現できたらという想いを込めて。ハルオルネをメインに、リボンを加え、プリザーブドフラワーの大輪のメリアに時間をかけてできたツララを表現しました。

胡蝶蘭の花言葉「幸せが飛んでくる」。アレンジを見た方が幸せな気持ちになれるように、心を込めて純白のユリと胡蝶蘭のハルオルネをあしらいました。色彩をおさえたことで、花の凛とした美しさが際立ち、少しずつ開いていくつぼみに、幸福感で満たされます。

大切な記念日に思い出のジュエリーで幸せな時間を過ごしたい。そんな想いを込めて、オルネフラワーとディップアートをコラボレーション。華やかで透明感のあるオルネの輝きをホワイトからベビーピンクのやさしいカラートーンで表現しています。

オルネの創作過程は、人の心を楽しさで満たしてくれます。作品を考えたときに花の華やかな色が浮かばず、パールをポイントにしたモノトーンで現在の心境を形にしました。このアレンジは2つのパーツを組み合わせるようにできています。

リースのまわりにたくさんのオルネフラワーと、UV樹脂をビー玉に見立て半球にしたものをワイヤーの中にデザインしています。角度によって光を受けて輝くさまは見事。インテリアフレームを石膏で仕上げて重厚感を出し、2つのリースで豪華さを演出しました。

タイトルは誰しも読んだことのある物語『シンデレラ』。純粋さをチュールレースで、ハルオルネで清楚かつ凛とした品のある美しさを表現しています。フェアリーゴッドマザーに魔法をかけられた馬車は、ゴールドのオルネのみで仕上げました。

白と水色でまとめたクレセントリースに、オルネやクロスターアルバイテンの技法を用いてさまざまな花を散りばめました。ブイロンで作った音符やト音記号を「お月様からのしずく」のように揺れるモチーフとしてプラスしています。

ジュエリーペタルの赤いバラを中心に、ユリやチューリップほか創作オルネフラワーが咲き乱れている様子を表しています。黒くて丸いアイアンベースの透かし模様を活かし、オルネのつるやリーフをからませ、粋な和モダンアレンジに。

シルバーのオルネとパールの花々が美しく配されている透明なキーボックス。お出かけの時、帰ってきた時、心に余裕がなくなった時に、可愛らしいオルネフラワーが励ましてくれる。そんなイメージで作成した、玄関に欠かせないアレンジです。

Chapter 4
Accessories

シルバーのみで仕上げたネックレスは、煌めくオルネとパールが美しく首元に花が咲いたよう。一色にしたことで、デザインの構成がより強調され、圧倒的な存在感を放っています。長さを調節できるように、バックリボンにしてあるので、どんなドレスにも合わせられるのも魅力。

花の咲き誇る小さな庭をイメージして、エンブロイダリーのベースにオルネフラワーを組み合わせました。布や紙など、さまざまな素材のバラを胸元に咲かせるように配し、表からは見えない場所にも1粒1粒ビーズを敷き詰め、ラベンダーからパープルのトーンで統一しています。

オルネの基本的なテクニックを使い、和花で「花蝶図首飾り」を表現。菊は花びらを次々と重ねて丸く華やかに、紫陽花は1枚1枚の花びらにグラデーションをつけて表情を出しました。水引細工も加え、身に着けた大和撫子の凛とした立ち姿をイメージして制作した作品です。

バラ・ゲラニウム・ニゲラ・ブルースター・タイツリソウほか、庭で育てている花がモチーフ。花々が娘の成長を見守り、夢を応援し、幸せを願っている。そんな想いが込められたネックレスとイヤリングは、ポンパドールピンクからオペラモーヴへの色使いとゴールドのオルネが印象的。

『不思議な国のアリス』に着想を得たティーポットのブローチ。試行錯誤しつつも楽しみながら制作した作品です。ハルオルネの上に、ワイヤーオルネとコットンパール・ビーズをプラス。ちょっと不思議でキラキラ楽しいアクセサリーは、1番思い入れの深いものになりました。

社交ダンスデビューに合わせた髪飾り・イヤリング・ネックレスの3点セット。ネックレスや髪飾りはソフトな革をベースにオルネやパーツをあしらい、イヤリングも軽量に仕上げ、踊りの動きに耐え得るものに。想いと優しさが作品にあふれています。

大好きなリボンオルネをモチーフにシルバーとパールでまとめたネックレス。アシンメトリーにデザインして、軽さと動きを出してみました。イヤリングは、スワロフスキーを中心に置き、白い花の揺れる感じがフェミニンな表情を引き出してくれます。

春風の中をこのバッグを持って散歩したら、幸福のクローバーを見つけた。その喜びがテーマの作品。パールドラードにのばしたカラーブイロンを巻きつけた葉とハルオルネの葉を重ねた四つ葉のクローバーも表情豊かです。

卒業する末娘のための髪飾りと根付けは、オルネフラワーとつまみ細工のコラボレーションが魅力。花言葉「永遠の愛・誠実・清楚」に願いを込めた桔梗のモチーフが光ります。卒業式での袴姿を思い浮かべながら、春らしいやわらかな淡い色彩でまとめました。

20歳を迎える娘に贈る帯飾りと髪飾り。「感謝」が花言葉の赤いダリアをメインに、組ひももオルネで華やかにあしらいました。成人した時に着た紅型の振袖と銀の帯に合わせ、花びら1枚1枚に「感謝の気持ちを忘れずに」という想いを託して。

和布とオルネフラワーは好相性であることを発見させてくれるデザイン。麻の葉や市松模様の和布はシックにまとめて剣先の花びらに、絞りや柄入りは鮮やかな色彩を活かして、丸みを帯びた花びらに。艶やかな紫陽花が、和装を一段と引き立てます。

シルバーのブイヨンで作ったパーツに、パールの花々や
ミニローズが楽しげに配されたネックレス。自分の人生
を色合いにして、レインボーカラーのカラーコートを施し
ました。鮮やかな色の中に白く咲いたエーデルワイスが
「全ては大切な思い出（花言葉）」と語りかけるかのよう。

ワイヤーとパールのオルネが織りなすヘアドレスは、たくさんのパーツから構成されています。アシンメトリーなデザインがより際立つように、ピュアホワイトの1色で統一しました。ディテールにもこだわり、無駄なワイヤーをカットし、軽量かつ自然なつけ心地にも配慮しています。

Chapter 5
Frames

伊藤若冲の鹿苑寺にある大書院障壁画の「葡萄図水墨画」を色彩で再現。バラエティに富んだ色のブイロンワイヤーを使い分けて、オルネ独特のゴールドの幅を魅せました。葡萄は1粒1粒丁寧に、葉は葉脈に沿って全てを切り離し、紅葉の少しずつ色づくさまを表現。

クロスターアルバイテンの手法を用いて、万華鏡をイメージして制作しました。万華鏡をまわした時に新しい世界に切り替わる美しさを、シンメトリーな構図で表現。ゴールドのオルネにライトオーキッドピンクのストーンの輝きが呼応して、互いを引き立てています。

木の実の中にクロスターアルバイテンのパーツを活かした愛らしい花の咲く額。大好きなゴールドをメインにした作品には、ハルオルネも使用されています。色調を合わせたキャンドルアレンジにも、オルネフラワーが咲き乱れ、空間を明るくしてくれます。

スクエアフレームに舞う天使を囲むように、繊細なゴールドのオルネとパールがあしらわれています。天使のアップルグリーンのドレスに合わせて、背景は抑えめの緑の中からイングリッシュアイビーをセレクト。随所にサイズ違いで配したパープルのストーンで華やかに。

オルネパーツのデザインをイメージし、試作して、組み合わせを考える。それが何に見えるのか、どう表現ができるかをつき詰め、全体像を構築していく。タイトルを決めて、色の範囲を限定、制作を重ねる。そんな流れを経て生まれた「schiuma（イタリア語で"泡"の意味）です。

日本伝統のつまみ細工とオルネフラワーのコラボレーション。剣つまみのダリアと丸つまみの水仙と一緒に咲いているのは、オルネで制作したブバリア・マーガレット・ラズベリー・ダリア・麦。レースの柄を活かした籠に、パールやラインストーンでロココ調の雰囲気にまとめています。

オリーブのリース（輪）が意味する永遠、平和、健康、そして自然との共存。そんな想いを込めて制作したリースに配されたのは、オルネのトンボ・蝶・蜂。ラッキーモチーフとして選んだ昆虫は、それぞれ「成功・出世・成長」「上昇・幸福」「繁栄・勤勉・協力」の象徴といわれています。

ミュシャに魅せられて制作した「花」の額飾り。アールヌーボーの様式を額装にも取り入れました。シャドウボックス（17世紀のヨーロッパで流行したデコパージュの技法の1つで、平面の絵から立体感のある絵を作るペーパークラフト）とオルネの饗宴です。

「果物」の額飾り。ミュシャの格調高いリトグラフの雰囲気を壊さないよう、両作共に主として金・銀・パールを使用。シャドウボックスを際立たせるように色彩を抑えました。額を彩るオルネの花々と互いが引き立てあい、ミュシャへの憧憬・想いがあふれた作品となっています。

クロスターアルバイテン技法の復習を考えていたら、想いは巡ってオルネを始めてからの歴史と支えてくれた方々への感謝と敬意に。その想いの結晶がこのリースです。自分が歩んできたオルネとの道のりを思い出し、1つ1つ丁寧に作業を重ねて美しい円(縁)を描きました。

「在りし日の」家族を想い、1枚1枚の花びらに感謝の気持ちを込めて、オルネフラワーを制作しました。額装にあしらわれた花と丁寧な作業に愛情が込められています。ベースにあしらわれたスワロフスキーによる点描のさりげなさが額装全体の美しさを引き立てています。

いつか見たフランスの広大で美しい麦畑。その麦の穂をイメージして、オルネの花束に仕上げてみました。穂のパーツは1つずつブイロンワイヤーで巻き、ふっくらとたわわに実った風情が出るよう、立体的にしています。花言葉の幸運・繁栄・希望・豊作をもたらしますように。

これまでにたくさんの方々からいただいた愛情、優しさ、励ましの言葉の1つ1つをオルネフラワーのモチーフとして制作。感謝の心をやさしい色彩のハート型に込めました。どの花1つ欠けてはならない、いただいた全ての気持ちが自分にとってかけがえのない宝物です。

世界へ飛び出すかのようなハチドリの舞う姿をイメージして、創り上げたものです。花を求め、楽園を舞うハチドリをオルネフラワー、クロスターアルバイテンで遠近法を用いて立体的に。美しい羽根と花のハルオルネが殊更目を惹きます。

アールヌーボーの画家、ポール・ベルトンの「菊(中心の女性像)」という作品からインスピレーションを得た作品。菊と絵の女性のような"豊潤"を表現したく、小花と実でガーランドを作成してフレームにアレンジ。クロスターアルバイテンとルーチェの技法を取り入れています。

手作りの陶磁器の妖精とオルネフラワーで、可愛らしさ・優しさ・柔らかさ・清らかさを表現。ハルオルネに魅せられて、オルネを習い始めた自分の中の原点に戻り、ハルオルネにこだわって仕上げました。やさしい色合いが穏やかな風景を作り上げています。

1番好きな花"胡蝶蘭"が主役。木馬のレースリボンとオーガンジを二重貼りのハルオルネを花弁に、リップにはスワロフスキーを使用。小さな胡蝶蘭はブイロンワイヤーだけで作成し、スズランやリーフを加えてキャスケード風に。ゴールドの小花で動きを出しています。

美しくも過酷な運命を生きた王妃マリーアントワネット。唯一の安らぎの場であったといわれるプチトリアノン宮殿の庭園に咲く花々をオルネフラワーで表現しました。ハルオルネや金属板で植物を作り、王妃の寝室の壁布に施されている花綱にデザインした点がポイントです。

特別な日にお気に入りのものを身に着けて出かける時の高揚感が伝わってくるよう。シルバー×ホワイト系で色を統一し、花弁を丸く、パールをふんだんにあしらい可憐さを演出。パーツに高低差をつけて不規則にアレンジすることで、オルネフラワーの魅力と立体感を引き出しました。

サロン名にまでした大好きな花、ヒマワリをオルネで作ってみました。家庭の中の太陽でありたい、平和の光を降り注ぐ存在でありたい、そんな想いも込めています。花びら1枚1枚に気持ちを託して、やさしい表情をしたヒマワリと白いオルネフラワーをフレームの中に描いています。

細長い楕円形の花びらをオルネでたくさん作ってロゼッタ咲きに仕上げています。永遠に変わらぬ生命の輝き、人々の心の光と絆をゴールドに託してみました。題して「黄金(ゴールド)の魂」。カラーブイロンのオルネは、花の香りをイメージして添えたものです。

私の大好きな油絵には、吸い込まれそうな憂愁たる青緑の中にバラが描かれていました。この絵に大好きなオルネフラワーで額を作り、コラボレーション作品にしたいという想いが湧き、制作しました。絵を囲むようにオルネのバラが咲き誇っています。

漆黒の空に浮かぶ三日月を輝くオルネフラワーで描きました。ゴールド・シルバー・パールがあしらわれ、思い思いに咲く花々がまるで夜空から語りかけてくるかのよう。オーストリアのウィーン研修で習得したテクニックを駆使して、気持ちを込めて制作した「月光花」です。

順風満帆 ── 何事もなく過ぎてゆく時間が1番大切。
人生において自分が望む憧れの言葉です。この言葉
をオルネで表現したら、フレームに愛らしい花が次々に
咲き始めました。オルネの装飾は古典的であり、現代的
でもある、その不思議な表現力を活かしていきたいです。

絵本の挿絵に出てくるようなアーチをくぐると花園が待っている、そんなイメージの作品。華やかかつクラシカルな雰囲気になるよう、赤とゴールドをメインに。花の形状や葉の大きさ、柄や配置まで気を配り、ガーランド仕立てにしています。

シルバーホワイトのオルネで作ったクリスマスローズをたくさん散りばめたら、清楚でエレガントな輝きをまとったパールリボンのリースができました。タイトルは「結婚するふたりの新居に ～Happiness is forever～」です。

5輪のオルネフラワーと3枚1組のオルネリーフで構成したリースは、地球と共にある人間の使命と丸い地球をイメージしたもの。永久性の象徴として、ラウンドリースに仕上げました。額装の四方にもオルネをあしらい、リースは高さを均一にしています。

ダブルオルネの花びらを5枚にまとめた小花と木の実をツリー型に形成して、額装仕立てに。ツリーのフォルムに合わせ、先端は小さめのオルネ、下に行くほど大きめなオルネを配置しています。未来へとつなぐ命の喜び、希望をツリーに託しています。

自分の中にある乙女心をフレームの中に表現した「Princess dream」。ドレスはトルソーにエアウェイブルーの布を巻きとめながら、オルネフラワーは1輪1輪丁寧に作成。額装に想いを描くように、心の中のイメージに近づけていく作業を楽しみました。

ウェディングドレスの共布を使ったハルオルネのブライダルブーケ。ホワイトとシルバーに輝く美しいオルネフラワーと胡蝶蘭が舞う中、鮮やかに花開くスカーレットレッドのガーベラが更なる華やぎを与えてくれそう。贈る人への想いが詰まった作品です。

作品掲載者・ページ一覧

Chapter 2
- P.15　小畑弘子
- P.16　岡紀子
- P.17　毛利純子
- P.18　新村隆子
- P.19　岩藤貴恵
- P.20　藤井ますみ
- P.21　大竹未乃里
- P.22　神長真澄
- P.23　佐藤祥子
- P.24　平井啓子
- P.25　久保田こずえ
- P.26　霜島みどり
- P.27　姜英和
- P.28上　德永マチ子
- P.28下　土田弓子
- P.29上　青山恵子
- P.29下　後藤いずみ
- P.30上　川嶋文恵
- P.30下　近藤和世
- P.31上　奥山幸

Chapter 3
- P.33　増田清美
- P.34　村松里絵
- P.35　宮沢美智子
- P.36　田中菜々子
- P.37　髙橋美由紀
- P.38　工藤麻矢
- P.39　工藤麻矢
- P.40　青柳睦美
- P.41　田端啓子
- P.42　荻野美智子
- P.43　荻野美智子
- P.44　髙野容子
- P.45　菊地みどり
- P.46　遠藤弘美
- P.47　浅井圭子
- P.48上　荻山幸子
- P.48下　難波真美
- P.49　石井希代子
- P.50　蛭田智美
- P.51　丹治玉江
- P.52　山田清子
- P.53上　小野千夏
- P.53下　二宮ちよ
- P.54　斉藤和子
- P.55　米澤喜久子
- P.56　村上めぐみ
- P.57　村上めぐみ
- P.58　麻生かよ子
- P.59　志摩さちこ
- P.60　Tammy.K
- P.61　森いずみ
- P.62　山田弥生
- P.63　山田弥生
- P.64　咲加結里子
- P.65　森本奈津子
- P.66上　太田和子
- P.66下　山崎誠子
- P.67上　三品とき子
- P.67下　德永明美
- P.68　白石淳子
- P.69　白石淳子
- P.70　小林昭子
- P.71　粟飯原祥子
- P.72　池田ふくえ
- P.73　田中久美子
- P.74　篠田弘美
- P.75上　中島雪路
- P.75下　斉藤晶子
- P.76　朝野さち子
- P.77　福井佳子
- P.78　大原世玉
- P.79　宮本由美子
- P.80　近藤裕子
- P.81　橋田美百希
- P.82　永守和子
- P.83　木下英美子
- P.84上　和田珠子
- P.84下　丹原久美
- P.85上　曽我きく江
- P.85下　佐伯裕子

Chapter 4
- P.87　杉山敦子
- P.88　霜中美咲
- P.89　秋本有子
- P.90　飯野雅美
- P.91　鈴木玉枝
- P.92　今本裕子
- P.93上　藤田いずみ
- P.93下　牧朋子
- P.94　吉田美津子
- P.95上　有江弘子
- P.95下　雨宮京子
- P.96　高橋忍
- P.97　八巻満咲

Chapter 5
- P.99　林いなお
- P.100　小川美春
- P.101　小川美春
- P.102　和田しのぶ
- P.103　八木千晶
- P.104　田村令子
- P.105　山崎郁子
- P.106　上田美保子
- P.107　上田美保子
- P.108　石崎仁子
- P.109　池ノ内裕子
- P.110　松崎恵子
- P.111　北澤寿江
- P.112　秋山千賀子
- P.113　大和田勝子
- P.114　降旗香代子
- P.115　落合久美子
- P.116　村上祐子
- P.117　湯川佳美
- P.118　伊藤雪江
- P.119　正田淳子
- P.120　鈴木加恵
- P.121　鬼澤ゆかり
- P.122　二宮理枝
- P.123上　山内貴代
- P.123下　森奈緒子
- P.124上　佐藤敦子
- P.124下　渡邊奈津江
- P.125上　高橋典子
- P.125下　脇恵子

編集委員長　鴨田由利子
編集委員　小川美春
　　　　　杉山敦子
　　　　　林いなお
制作　　　石崎仁子
　　　　　大和田勝子
　　　　　小畑弘子
　　　　　神長真澄
　　　　　北澤寿江
　　　　　久保田こずえ
　　　　　近藤裕子
　　　　　高橋美由紀
　　　　　増田清美

School Guide
スクールガイド

秋田県

愛花夢フラワーサロン
主宰　髙橋 忍
住所　秋田県由利本荘市
連絡先　0184-44-8548
URL：http://ameblo.jp/aikamu87/
作品掲載 …… P96

宮城県

Atelier Hosta
主宰　遠藤 弘美
住所　宮城県仙台市宮城野区
連絡先　070-6950-2278
　　　　atelier.hosta.hiro.@gmail.com
作品掲載 …… P46

アトリエ コピンヌ
主宰　松崎 恵子
住所　宮城県仙台市泉区
連絡先　copines.kei@gmail.com
URL：http://atliercopines.blog.fc2.com/
作品掲載 …… P110

東京都

花しらべ
主宰　藤井 ますみ
住所　東京都江戸川区
連絡先　090-1838-6668
　　　　masumifujiimasumi@ybb.ne.jp
作品掲載 …… P20

クレーブラット
主宰　鴨田 由利子
住所　東京都北区
連絡先　090-3069-2357
URL：http://www.kleeblatt.gr.jp/
表紙作品

un sourire ＜アン スリール＞
主宰　大原 世玉
住所　東京都北区
URL：http://www.unsourire.org
作品掲載 …… P78

サロン・フラワー Keiko
主宰　正田 淳子
住所　東京都北区
連絡先　03-3908-3813
作品掲載 …… P119

INAOフラワーアレンジメントスタジオ
主宰　林 いなお
住所　東京都北区
連絡先　090-9682-2513
URL：http://www.inao-flower.com/
作品掲載 …… P99

パステルローズ Ki・Re・I
主宰　山崎 郁子
住所　東京都江東区
連絡先　090-1772-3061
　　　　toro-0817-y.ikuko@softbank.ne.jp
作品掲載 …… P105

H2C（エイチ・トゥ・シー）花＆color＆craft
主宰　田中 菜々子
住所　東京都品川区
連絡先　090-7907-3615
URL：http://ameblo.jp/hana-color-craft-happy
作品掲載 …… P36

アトリエ メープル
主宰　石崎 仁子
住所　東京都杉並区
連絡先　090-6935-2968
URL：https://www.ateliermaple.jp/
作品掲載 …… P108

F. design.hiroko エフデザイン ヒロコ
主宰　小畑 弘子
住所　東京都世田谷区
連絡先　090-2270-8964
URL：http://www.F-design.hiroko.jp/
作品掲載 …… P15

MILLE FIORI
主宰　八木 千晶
住所　東京都世田谷区
連絡先　090-3915-3928
URL：http://mille.yu-yake.com
作品掲載 …… P103

Atelier Flaulii
主宰　咲加 結里子
住所　東京都中央区
連絡先　090-4224-6187
URL：http://atfl.exblog.jp/
作品掲載 …… P64

花とアロマのブローディア
主宰　大和田 勝子
住所　東京都豊島区
連絡先　03-5395-2690
URL：http://brodia.biz/
作品掲載 …… P113

ピース・ド・ラ・フルール
主宰　田中 久美子
住所　東京都豊島区
連絡先　080-9424-3107
作品掲載 …… P73

フラワーデザイン Angelique 〜アンジェリーク〜
主宰　髙野 容子
住所　東京都東村山市
連絡先　080-5412-3001
URL：https://www.flowerdesign-angelique.com/
作品掲載 …… P44

スクールソフィア お花の教室
主宰　髙橋 美由紀
住所　東京都日野市
連絡先　mi33ta@msn.com
URL：http://roseschoolsofia.com
作品掲載 …… P37

神奈川県

olive olive
主宰　近藤 裕子
住所　神奈川県厚木市
連絡先　046-295-8080
URL：http://www.olive-flower.com
作品掲載 …… P80

Mrs.Green
主宰　霜島 みどり
住所　神奈川県厚木市
連絡先　046-221-6626
作品掲載 …… P26

Flor de janeiro（フロール ドゥ ジャネイロ）
主宰　佐藤 祥子
住所　神奈川県伊勢原市
連絡先　sachiko-s@pu3.fiberbit.net
作品掲載 …… P23

キヨコフラワーデザインスクール
主宰　山田 清子
住所　神奈川県横浜市緑区
連絡先　080-4477-2343
　　　　keyna@ko8.itscom.net
作品掲載 …… P52

スパイス&オルネ
主宰　丹治 玉江
住所　神奈川県横浜市都筑区
連絡先　080-5528-3077
作品掲載 …… P51

Fleur de lis
主宰　森本 奈津子
住所　神奈川県
URL：http://fleur-delis-flower.com/
作品掲載 …… P65

アトリエ Angelico〜アンジェリコ
主宰　山内 貴代
住所　神奈川県海老名市
連絡先　090-5092-2081
作品掲載 …… P123 上

花のアトリエ LANLAN
主宰　工藤 麻矢
住所　神奈川県横浜市港北区
連絡先　080-5009-0389
　　　　0ra38700725591c@ezweb.ne.jp
作品掲載 …… P38・39

千葉県

K-サネン
主宰　田端 啓子
住所　千葉県野田市
連絡先　090-8819-7174
作品掲載 …… P41

アトリエ fioritura
主宰　森 いずみ
住所　千葉県船橋市
連絡先　090-2915-2001
URL：http://www7a.biglobe.ne.jp/~fioritura
作品掲載 …… P61

アトリエ 花音
主宰　平井 啓子
住所　千葉県八千代市
連絡先　090-6908-0147
URL：http://atelier-kanon.a.la9.jp/
作品掲載 …… P24

埼玉県

花の工房 MOMO
主宰　石井 希代子
住所　埼玉県上尾市
連絡先　080-1015-8881
作品掲載 …… P49

Atelier Rosette
主宰　川嶋 文恵
住所　埼玉県加須市
連絡先　090-4829-9012
URL：http://ameblo.jp/atelier-rosette/
作品掲載 …… P30 上

花錺（ハナカザリ）
主宰　荻野 美智子
住所　埼玉県川口市
連絡先　048-222-2154
URL：nmtiq5hannah@docomo.ne.jp
作品掲載 …… P42・P43

フラワーデザイン教室 小さな家
主宰　岡 紀子
住所　埼玉県北足立郡伊奈町
連絡先　090-6044-1364
URL：exzae67s@i.softbank.jp
作品掲載 …… P16

アトリエ ブランシュ
主宰　増田 清美
住所　埼玉県行田市
連絡先　090-8433-8375
URL：http://a-branche.com/
作品掲載 …… P33

アトリエ KANON
主宰　小林 德子
住所　埼玉県熊谷市
連絡先　090-1889-8481

Fleurage（フルラージュ）
主宰　白石 淳子
住所　埼玉県さいたま市西区
連絡先　090-2677-4581
URL：http://Fleurage-jun.com
作品掲載 …… P68・69

アン フルール
主宰　神長 真澄
住所　埼玉県さいたま市浦和区
連絡先　090-9158-8702
作品掲載 …… P22

花のアトリエ 樹
主宰　杉山 敦子
住所　埼玉県さいたま市南区
連絡先　048-861-8390
　　　　anjelica@sj9.so-net.ne.jp
作品掲載 …… P87

Eglantine（エグランティーヌ）
主宰　飯野 雅美
住所　埼玉県所沢市
連絡先　080-2021-5045
URL：http://eglantineiino.wix.com
作品掲載 …… P90

花とクラフトの教室 花円 ～HANAMARU～
主宰　秋本 有子
住所　埼玉県さいたま市
連絡先　080-3462-8353
　　　　yuko.gardenia@gmail.com
作品掲載　……　P89

花のアトリエ Kino
主宰　木下 英美子
住所　埼玉県草加市
連絡先　048-923-0575
URL：http://www.f-kino.jp
作品掲載　……　P83

fleur mignon（フルー・ミニョン）
主宰　池ノ内 裕子
住所　埼玉県比企郡小川町
連絡先　080-5468-9322
URL：http://fleurmignony.com
作品掲載　……　P109

フラワースタジオ ケイズ・マーノ
主宰　手島 邦子
住所　埼玉県本庄市
連絡先　090-4665-3211

茨城県

フラワー＆クラフトサロン ベルフィオーレ
主宰　菊地 みどり
住所　茨城県久慈郡大子町
連絡先　0295-72-5346
URL：http://fs-belfiore.net/
作品掲載　……　P45

Fontaine～フォンティーヌ
主宰　蛭田 智美
住所　茨城県日立市
連絡先　0294-26-0506
URL：http://fontaineflower.com
作品掲載　……　P50

花工房YUKARI ～crystal drop～
主宰　鬼澤 ゆかり
住所　茨城県水戸市
連絡先　crystaldrop.yukari@gmail.com
URL：http://www.crystaldrop.jp/
作品掲載　……　P121

長野県

アトリエ White Rose
主宰　小林 昭子
住所　長野県安曇野市
連絡先　090-4602-5848
URL：http://www.white-rose.jp/
作品掲載　……　P70

アトリエ 藍
主宰　降旗 香代子
住所　長野県安曇野市
連絡先　090-8685-8293
URL：http://atorie1.jp
作品掲載　……　P114

アトリエ 花香 -HANAKA-
主宰　北澤 寿江
住所　長野県松本市
連絡先　0263-55-3970
URL：http://hanaka.naganoblog.jp/
作品掲載　……　P111

新潟県

atelier FLAPOWL
主宰　和田 しのぶ
住所　新潟県新潟市
連絡先　090-8058-8327
URL：http://ameblo.jp/shishihana1980
作品掲載　……　P102

f&j
主宰　Tammy.k
住所　新潟県糸魚川市
連絡先　090-3041-8837
URL：http://f-and-j.com
作品掲載　……　P60

静岡県

ココ・ブランシュ
主宰　鈴木 玉枝
住所　静岡県浜松市南区
連絡先　090-2937-4167
　　　　ta05ma03e@ezweb.ne.jp
作品掲載　……　P91

ポプリ・ハウス
主宰　落合 久美子
住所　静岡県袋井市
連絡先　0538-23-8127
URL：http://www.at-ml.jp/72231/
作品掲載　……　P115

岐阜県

花てまり
主宰　青山 恵子
住所　岐阜県不破郡垂井町
連絡先　090-4086-2261
　　　　keiko.mk_331@ezweb.ne.jp
作品掲載　……　P29上

大阪府

花パレット♥Reaf
主宰　橋田 美百希
住所　大阪府和泉市
連絡先　090-6551-0812
URL：http://ameblo.jp/hana-p-reaf/
作品掲載　……　P81

Atelier f-Monami（アトリエf・モナミ）
主宰　池田 ふくえ
住所　大阪府茨木市
連絡先　090-3848-6304
作品掲載　……　P72

T・Flower
主宰　丹原 久美
住所　大阪府大阪市大正区
連絡先　kumi.n110793@gmail.com
作品掲載　……　P84下

花のアトリエ flower talk
主宰　村上 めぐみ
住所　大阪府大阪市中央区
連絡先　contact@flower-power.jp
URL：http://ameblo.jp/flower-talk
作品掲載　……　P56・57

Flanne Flower
主宰　近藤 和世
住所　大阪府寝屋川市
連絡先　090-7363-9043
URL：http://s.ameblo.jp/kazuy1120
作品掲載　……　P30下

La.fleur.unique（ラ・フルール・ユニック）
- 主宰　朝野 さち子
- 住所　大阪府藤井寺市
- 連絡先　090-6675-5185
- URL：http://ameblo.jp/La.fleur-uniqvue
- 作品掲載……P76

三重県

クローバーガーデン
- 主宰　米澤 喜久子
- 住所　三重県伊賀市
- 連絡先　0595-23-7773
- URL：http://www.clover-garden.com
- 作品掲載……P55

愛知県

アトリエ ミルフルール
- 主宰　斎藤 景子
- 住所　愛知県尾張旭市
- 連絡先　080-3621-1666
- astrantia0107@gmail.com

麗（レイ）
- 主宰　永守 和子
- 住所　愛知県春日井市
- 連絡先　090-2614-2633
- 作品掲載……P82

ロザフィ&クロッシェ教室 Mfrost
- 主宰　霜中 美咲
- 住所　愛知県豊田市
- 連絡先　mfrost@hm.aitai.ne.jp
- URL：http://mfrost.boo-log.com
- 作品掲載……P88

M²-Style
- 主宰　村上 まこ
- 住所　愛知県豊田市
- 連絡先　090-7305-6161

Feel yayoi flower
- 主宰　山田 弥生
- 住所　愛知県名古屋市中村区
- 連絡先　090-8552-6802
- URL：http://www.feel-yayoi.com
- 作品掲載……P62・63

華 ViLLage
- 主宰　新村 隆子
- 住所　愛知県名古屋市中村区
- 連絡先　052-452-3464
- 作品掲載……P18

aile d'or（エルドール）
- 主宰　久保田 こずえ
- 住所　愛知県名古屋市天白区
- 連絡先　090-4906-1939
- URL：http://ameblo.jp/pre-flower-ailedor/
- 作品掲載……P25

山口県

アトリエ Little Rose
- 主宰　秋山 千賀子
- 住所　山口県山口市
- 連絡先　090-8063-6428
- 作品掲載……P112

愛媛県

理創花
- 主宰　二宮 理枝
- 住所　愛媛県松山市
- 連絡先　089-926-0399
- 作品掲載……P122

福岡県

アートSea
- 主宰　粟飯原 祥子
- 住所　福岡県福岡市中央区
- 連絡先　090-4348-8116
- 作品掲載……P71

La Feria（ラ・フェリア）
- 主宰　麻生 かよ子
- 住所　福岡県福岡市城南区
- 連絡先　090-9575-5814
- dear-maron.1015@docomo.ne.jp
- 作品掲載……P58

海外 韓国

フラワーアトリエ アン
- 主宰　姜 英和
- 住所　韓国 ソウル市
- 連絡先　+82-10-9344-4266
- 作品掲載……P27

<撮影協力>

株式会社ヂヤンテイ	http://www.gentie.co.jp
株式会社東京堂	http://www.e-tokyodo.com
有限会社プロフローラ	http://www.ploflora.jp
フロールエバー株式会社	http://www.florever.co.jp
松村工芸株式会社	http://mkaa.co.jp
モノ・インターナショナル株式会社	http://www.mo-no.co.jp
横浜ディスプレイミュージアム（株式会社ポピー）	http://www.displaymuseum.co.jp
ラスプ社	http://www.rasp.at

Supported by Advantage Austria Tokyo
オーストリア大使館商務部後援

オルネフラワー協会について

メタル装飾の技術向上、研究、普及を通して、会員相互の交流、国際貢献を目的とし、2008年オルネフラワー協会設立。

商標登録
2007年1月30日「オルネメタリック®」通称「オルネ」
〈登録5094556号〉第42類デザインの考案
2014年1月31日「ハルオルネ®」
〈登録5645956号〉第42類デザインの考案
2014年1月31日「プリオルネ®」
〈登録5645955号〉第42類デザインの考案

現在、日本全国のほか、台湾、韓国、中国に会員を有し、活動しています。カリキュラムに沿った金属装飾(オルネ)のレッスンを中心に、プリザーブドフラワー・アーティフィシャルフラワー・オルネアルバイテン・オルネブーケ・アクセサリー・ブライダルアクセサリーなど、プロとして活動するためのレッスンも多数開設。ウィーン在住、アンドレア・マーシャル先生のオーストリア伝統工芸「クロスターアルバイテン」を学ぶこともできます。

オルネコース

オルネコース
コイル状のワイヤーで植物文様・幾何学文様などのモチーフを制作

プリ&アーティフィシャルフラワーコース
プリザーブドフラワー並びにアーティフィシャルフラワーを使い
アレンジメント・ブーケ・額装を制作
※オルネコースと同時に受講できるコースもあります

クロスターアルバイテンコース
オーストリア伝統工芸を習得。アンドレア・マーシャル先生の
クロスターアルバイテンディプロマ取得も可能(資材:Rasp社製品)

オルネアルバイテンコース
オルネアルバイテンは、オルネの技法で創られる繊細な手仕事を総称
額装・アクセサリー・オブジェなどを制作

オルネブーケコース
オルネで作られたブライダルブーケを制作

ブライダルアクセサリーコース
オルネでブライダルアイテム(ティアラ・チョーカー・ヘッドなど)を制作

アクセサリーコース
オルネでブローチやペンダントトップなど、アクセサリーを制作

オルネフラワー協会

本部　東京都北区赤羽1-62-7-101
TEL / FAX　03-3598-3787
URL：http://orne.o.oo7.jp
E-Mail orne@kleeblatt.gr.jp
代表　鴨田　由利子

Art Director / Book Designer
望月昭秀（株式会社ニルソンデザイン事務所）

Photographer
山本正樹（P15〜31・33〜85・87〜97・99〜125）
深澤慎平（P4〜14・32・86・98）

Stylist
絵内友美

Proof reading
中野博子

Editor
中森裕美

Orne Collection
オルネコレクション

2017年5月10日　発　行　　　　　　　NDC　594

編　者	オルネフラワー協会（きょうかい）
発行者	小川雄一
発行所	株式会社誠文堂新光社
	〒113-0033
	東京都文京区本郷3-3-11
	[編集]電話　03-5800-5779
	[販売]電話　03-5800-5780
	http://www.seibundo-shinkosha.net/

印刷・製本　図書印刷 株式会社

Ⓒ 2017, Association of ORNE Flower.
Printed in Japan

検印省略

万一落丁、乱丁の場合は、お取り替えいたします。本書掲載記事の無断転用を禁じます。また、本書に掲載された記事の著作権は著者に帰属します。これらを無断で使用し、展示・販売・レンタル・講習会等を行うことを禁じます。

本書のコピー、スキャン、デジタル化等の無断複製は、著作権法上での例外を除き、禁じられています。
本書を代行業者等の第三者に依頼してスキャンやデジタル化することは、たとえ個人や家庭内での利用であっても、著作権法上認められません。

JCOPY ＜（社）出版者著作権管理機構 委託出版物＞
本書を無断で複製複写（コピー）することは、著作権法上での例外を除き、禁じられています。本書をコピーされる場合は、そのつど事前に、（社）出版者著作権管理機構（電話 03-3513-6969／FAX 03-3513-6979／e-mail:info@jcopy.or.jp）の許諾を得てください。

ISBN978-4-416-91701-5